EL MONJE
Y EL MILLONARIO

VIBHOR KUMAR SINGH

EL MONJE Y EL MILLONARIO

El arte de descoplicar la felicidad

Autoconocimiento

DIANA

Título original: *The Billionaire and the Monk: A Simple Story About Finding Extraordinary Happiness*

Primera edición: febrero de 2022

Diana es un sello editorial de Editorial Planeta, S.A.
Avda. Diagonal, 662-664, 08034 Barcelona (España)
www.planetadelibros.com

ISBN: 978-84-18118-90-6
Depósito legal: B. 155-2022
Fotocomposición: Realización Planeta
Impresión y encuadernación: Huertas Industrias Gráficas, S. A.

Impreso en España – *Printed in Spain*

El papel utilizado para la impresión de este libro está calificado como **papel ecológico** y procede de bosques gestionados de manera **sostenible**.

Certificado PEFC
Este libro procede de bosques gestionados de forma sostenible y fuentes controladas
PEFC
PEFC/14-38-00305
www.pefc.es

Para mi padre,
Kunwar Onkar Singh (1950-2013),
quien me enseñó a mantener el sentido del humor
también en los momentos más difíciles.
Mi vida ha sido hermosa gracias a esta enseñanza.

El mejor momento para plantar un árbol fue hace veinte años. El segundo mejor momento es ahora.

ANTIGUO PROVERBIO CHINO

Sumario

Prólogo

El éxito no es la clave de la felicidad. La felicidad es la clave del éxito. Si amas aquello a lo que te dedicas, tendrás éxito.

Albert Schweitzer

En Nueva York, sentado en su *suite* presidencial frente a Central Park, el millonario se preparaba para la entrevista. Era una de las 2.153 personas en el mundo conocidas como millonarios del dólar, una designación que reconocía los logros humanos y la perseverancia. Él no había heredado este título, y eso lo hacía más especial a ojos del mundo. En lo que llevaba de vida había acumulado tanta riqueza como la que algunos países tardarían generaciones en conseguir. Estaba orgulloso de lo que había conseguido.

La entrevista se desarrolló según lo previsto. La agencia de relaciones públicas que había contratado era la mejor del mundo y habían movido cielo y tierra para presentarlo como un hombre humilde y a la vez ambicioso: un hombre corriente, pero con sueños grandiosos. Algunos lo llamaban el Toro de los Negocios. Bendecido con una mente perspicaz que sin esfuerzo alguno entendía los movimientos de la bolsa, y con una extraordinaria inteligencia empresarial en sus transacciones, era pionero en un estilo negociador único e imbatible.

Sin embargo, la última pregunta de la entrevistadora lo había inquietado. Aunque había contestado con seguridad, como era habitual en él, algo se había removido en su interior. La cuestión no figuraba en la lista que le habían entregado previamente, y seguramente no era más que una formalidad o un comentario de cierre, pero para él había convertido en irrelevante el resto de la tarde y, de hecho, su vida entera.

—¿Eres feliz? —le había preguntado la periodista.

Cuando el día tocaba a su fin, el monje se sentó a la mesa, sumido en sus pensamientos mientras contemplaba el vapor que se elevaba del bol de sopa de momos y se desvanecía en el aire. «La impermanencia también forma parte de la naturaleza de la existencia humana. Nacemos del Alma Suprema y tan solo disponemos de un tiempo limitado para que nuestra presencia en el mundo se haga notar antes de desvanecernos de nuevo en el Alma Suprema.»

Pese a que ya habían pasado treinta años desde que había abandonado la orden y renunciado a la vida monástica, era un hombre sabio y respetado. La gente lo seguía honrando con el título de monje.

Después de la cena, el monje sintió la necesidad de visitar a su guía espiritual, el Gran lama, para despejar su mente. Algo le preocupaba. Era una noche clara, iluminada por la luna, y la techumbre dorada del monasterio despedía reflejos plateados. Esto le demostraba que la perspectiva era más importante que la sustancia de las cosas. Una suave brisa le trajo el frío de las montañas. Mientras caminaba solitario por las calles empedradas de la ciudad adormecida, imaginó que probablemente había sido en una noche como aquella cuando un príncipe había dejado atrás todas sus posesiones materiales, sus relaciones terrenales y un magnífico palacio para tomar la senda del conocimiento. El príncipe no volvió nunca; en su lugar nació el Gran Buda.

Seguramente era un pecado compararse con Buda, pero durante las últimas semanas había sentido el corazón agitado, y era incapaz de controlar sus emociones. El Gran lama le había explicado una vez que todos los viajes hacia el autodescubrimiento y la paz interior empiezan planteándose las preguntas adecuadas. Hoy era uno de esos días en que, más que dar con una respuesta, necesitaba formular la pregunta adecuada.

Cuando giraba la calle que daba frente al domicilio del Gran lama, se encontró frente a una pintada en un muro. La leyó y quedó paralizado. ¿Aquello era una trampa del corazón o era pura intervención divina? El monje dio media vuelta y regresó a su aposento sin haberse encontrado con el Gran lama.

Había dado con su pregunta. Escritas en la pared había dos palabras: «¿Eres feliz?».

Capítulo 1
El camino a Shangri-La

No puedes depender de tus ojos cuando tu imaginación está desenfocada.

MARK TWAIN

—Si la felicidad es un viaje, el minimalismo es el primer paso —le dijo el monje al millonario. Pese a que la afirmación carecía de contexto, el millonario cerró los ojos en señal de acuerdo.

Su mente regresó al momento en que habían decidido empezar su camino compartido. El primer encuentro en el hotel de Katmandú había sido suficiente para ambos. El millonario había visto la oportunidad de hacer algo genuinamente diferente a sus negocios habituales: un hotel en Shangri-La era el trofeo más preciado que podría conseguir. Para el monje, esta colaboración podía ser un puente que lo reconectase con el materialismo del mundo. Los dos eran conscientes de los mutuos beneficios que acarrearía su colaboración, y habían respetado el trato. Hoy, dos años después, el millonario sabía que había tomado una decisión acertada. Aunque esta era su primera visita al hotel, su equipo y el monje habían proyectado y ejecutado una inversión eficiente, y el millonario estaba satisfecho con el prestigio que el establecimiento estaba adquiriendo en la industria de los viajes.

Al principio le habían preocupado las dificultades que podía acarrear tener como socio a un monje budista. ¿Qué iba a saber un monje de negocios? Sin embargo, ahora, con el balance de beneficios del hotel en la mano, estaba encantado de reconocer que se había equivocado.

El millonario volvió a centrar sus pensamientos en la afirmación que acababa de hacer el monje, y reflexionó sobre el hecho de que, en su infancia, la primera idea que habían implantado en su mente vinculaba la felicidad con la acumulación de bienes materiales. En la sociedad que le vio crecer, la exhibición de la abundancia se consideraba la clave para conseguir la felicidad. Rehuir la abundancia era visto como un fracaso. Sin embargo, algo en su corazón le llevaba a pensar que esta acumulación compulsiva solo producía desorden y ruido, y era un obstáculo en el camino hacia la felicidad. ¿Quizá el monje podría ayudarle?

—El minimalismo no es la ausencia de ambición. No otorga santidad. Es una elección vital según la cual decides vivir con las mínimas posesiones pero con la máxima concentración. La idea es que, despejándote materialmente, despejas los cajones de tu mente, llenos de objetos y emociones innecesarias e insignificantes —dijo el monje como si acabase de leer la mente del millonario.

—Supongo que tener menos cosas con las que cargar hace más fácil el tránsito por el camino de la vida —respondió este con sarcasmo.

El viaje por el paisaje tibetano, accidentado pero pacífico, estaba empezando a calmar los nervios del millonario. Habían sido veinticuatro agitadas horas de viaje intercontinental, con su desfase horario, y acompañadas de malas noticias. El acuerdo de telecomunicaciones en Kazajistán no avanzaba según lo esperado. La burocracia estaba retrasando la concesión de la licencia. Hubiese sido necesario repartir algunos sobornos, pero el millonario se había negado.

Con sus pensamientos de vuelta al presente, el millonario conocía el significado del minimalismo moderno, después de todo, se trataba de la última moda mundial. El millonario Nicolas Berggruen hacía gala de defender el minimalismo moderno. En principio, el minimalismo era un estilo de vida que abogaba por tener pocas posesiones materiales. Simplemente te animaba a identificar lo esencial para sobrevivir y a deshacerte de todo lo demás. Cada posesión material tenía que justificar su existencia en tu vida diaria. El único problema era que a él el minimalismo le parecía un estilo de vida *hippy*.

—Es mucho más sencillo —sonrió el monje, atrayendo al millonario de nuevo a la conversación—. Verás, una vez te decantas por un estilo de vida minimalista, ciertamente empiezas a deshacerte de todas las piezas de equipaje innecesarias; empiezas a vislumbrar las metas reales y a sentir la energía que te permitirá lograrlas con eficacia. No se trata de una excusa para huir de tus responsabilidades. No se trata de vivir una vida sin ambición. ¡Y ciertamente no es una excusa para hacer el vago! Simplemente decides concentrarte en unas pocas cosas esenciales y rehuir las distracciones. Concentrando tu energía en tan solo unas pocas cosas esenciales puedes deshacerte de las distracciones y obtener la felicidad de manera mucho más eficiente.

Pensándolo bien, el monje tenía razón, reflexionó el millonario. Algunos de los triunfadores más importantes del momento, como Jeff Bezos, el hombre más rico del planeta, Bill Gates, Warren Buffet y el prodigioso Mark Zuckerberg, son famosos por su capacidad para llevar una vida de sencillez y determinación. Incluso atribuyen su éxito al hecho de poder eliminar las distracciones y centrarse solo en los aspectos esenciales; esto, en efecto, les ayuda a concentrarse en las cosas importantes.

—¿De manera que el minimalismo sostiene tu ambición? —preguntó el millonario con curiosidad. El cielo empezaba a llenarse de unas amenazantes nubes grises. En aquella parte del mundo rara vez llovía, pero la danza de las nubes era siempre muy teatral.

—Sí, en el paso del aspecto físico a la aceptación mental del minimalismo, encontramos la libertad para hallar lo esencial. La verdad es que la única razón por la que seguimos viviendo con tantas cosas es que nos da miedo deshacernos de ellas. Creemos que algún día podríamos necesitar lo que hoy es innecesario. Nuestro miedo e inseguridades son las principales razones por las que nos resistimos a adoptar un estilo de vida minimalista. Sentimos que la sociedad nos juzgará, que nuestro estatus social se verá comprometido, y que nuestros sueños morirán si abrazamos la causa del minimalismo.

Las últimas frases del monje querían ayudar al millonario a hacer la elección adecuada. Este lo entendió y esbozó una pequeña sonrisa.

Sorprendentemente, había empezado a lloviznar. El monje bajó las ventanillas del coche y la fragancia de la tierra seca humedecida por la lluvia invadió el espacio. Era embriagadora.

—Es curioso, puede que entre nosotros haya diferencias de nacionalidad y etnia, pero el aroma de la lluvia es el mismo en todo el mundo —murmuró el millonario para sí. El monje lo oyó.

—Sí, son los humanos los que diferencian, la naturaleza no.

—Entonces, dime, ¿cómo pretendes que practique el minimalismo sin deshacerme de mi cuenta bancaria? —preguntó el millonario. La filantropía no era su fuerte, y no tenía ninguna intención de donar la fortuna que tanto le había costado amasar.

—El minimalismo no consiste en deshacerte de tu cuenta bancaria, compañero; ¡incluso puede hacerla crecer! —dijo el monje con una sonrisa y un guiño—. Deja que te guíe por los principales componentes del minimalismo tal y como yo los entiendo:

»Creo que el camino a la felicidad empieza deshaciéndote de parte del equipaje. Sin embargo, a diferencia del Gran Buda, no siempre tenemos que renunciar al mundo. Sobre esto discutimos a menudo con mi guía espiritual del monasterio. Yo estoy en contra de la renuncia total y quiero encontrar la felicidad en el mundo, no lejos de él. Veo el minimalismo como el primer paso hacia mi objetivo de alcanzar la felicidad. —Ahora el monje había adoptado un semblante serio—. He estado estudiando e intentando encontrar las respuestas para ser feliz a través del minimalismo. Puede que haya llegado a algún sitio, pero no estoy seguro. ¿Quizá podemos compartir nuestras ideas? Saca el diario, he estado escribiendo mis pensamientos en él —le pidió el monje señalando la guantera.

El millonario encontró el diario y lo abrió. En la primera página había una fotografía del dalái lama. Puesto que está prohibido llevar su foto, muchos tibetanos esconden la imagen de Su Santidad entre sus objetos de uso diario. En la tercera página estaba escrito lo siguiente:

1. El minimalismo sirve tanto para el desorden físico como mental.
2. El minimalismo físico es el primer paso hacia la felicidad mental y emocional.
3. Los seres humanos tienen recursos y poseen la capacidad de innovar para aprender a vivir una vida interior y sin objetos innecesarios.
4. El minimalismo incentiva la ambición ayudándonos a centrarnos.
5. El mayor regalo del minimalismo es el tiempo libre que genera y que puede emplearse para perseguir lo que realmente importa.

6. El minimalismo es amable con el planeta. Practicar el minimalismo es nuestra forma de contribuir a cuidar de él.
7. No cargues con el peso del mundo en tus hombros.

El millonario releyó la página y, tras meditarlo un momento, añadió lo siguiente:

8. El dinero que no gastas es dinero que ganas.
9. Recuerda, no nos estamos convirtiendo en santos adoptando una vida minimalista; tan solo nos volvemos selectivos en nuestras metas.
10. No participes del consumismo, arruinando tu cartera y tu felicidad.

Tras escribir estas palabras, no pudo evitar sonreír al percatarse de que, irónicamente, lo había hecho con su recientemente adquirida pluma Montblanc.

—Hagamos una cosa. Voy a permanecer aquí tres semanas. Como no estaré sumergido en el trabajo, creo que tendré tiempo para otros quehaceres. Hagamos una lista de cosas que nos hacen felices para compartirla entre nosotros el último día de este viaje. ¿Qué me dices? —preguntó el millonario con entusiasmo.

—Estupendo; por fin podré compartir mis ideas sobre la felicidad y aprender sobre la felicidad de la mano de un capitalista tenaz.

Ambos se echaron a reír.

Capítulo 2
Todo empieza con la mente

Para disfrutar de buena salud, para traer la verdadera felicidad a nuestra familia, para traer la paz a todo el mundo, primero hemos de disciplinar y controlar nuestra mente. Si una persona puede controlar su mente, puede encontrar el camino hacia la iluminación, y toda la sabiduría y la virtud le llegarán de manera natural.

Buda

En 2001, el gobierno chino rebautizó el soñoliento pueblo de Zhongdian con el mítico nombre de Shangri-La, famoso por la película *Horizontes perdidos*, basada en una novela de James Hilton. Se trataba de un brillante plan de marketing para erigir un destino turístico a partir de la nada donde el mundo occidental pudiese experimentar la serenidad y tranquilidad del Tíbet. Zhongdian fue escogido porque tenía los tres elementos esenciales tal y como aparecían en aquella historia: un impresionante paisaje tibetano, restos de un avión de la segunda guerra mundial que se habían descubierto en las cercanías del municipio, y la presencia del cautivador monasterio Songtsen Ling. Pensándolo bien, es posible que Zhongdian fuese el Shangri-La que James Hilton había imaginado.

El millonario había leído sobre el proyecto de Shangri-La y aprovechó la primera oportunidad para empezar allí un negocio conjunto con el monje. Sus contactos en el gobierno chino le habían recomendado encarecidamente que colaborase con él, dado el gran ingenio que lo caracterizaba. El hotel era pequeño, pero la idea de adelantarse a sus rivales había sido el impulso definitivo para el ego del millonario.

Al millonario le encantaba su *chai* mañanero. El *chai masala* dulce era su bebida preferida. «Los bebedores de café son siempre los que quieren "aparentar", y no se puede confiar en ellos. Los bebedores de *chai*, en cambio, son los que están conectados a la tierra, y se puede confiar en ellos.»

Aquella mañana era distinta de las demás. Ahora que había empezado a mirar el mundo a través de la lente del minimalismo, la belleza que encerraban las cosas sencillas de la vida le resultaba evidente.

Estaba convencido de que la mente humana es la herramienta más poderosa que tenemos bajo nuestro control. El millonario sabía que, científicamente hablando, el cerebro controla nuestro bienestar emocional a través de la liberación de neurotransmisores como la dopamina y la serotonina, responsables de la «felicidad» que experimentamos. Además, sentimientos como el miedo, la ansiedad, el dolor y la depresión nacen en la mente y pueden morir en la mente misma. El poder de pensar, imaginar, decidir y proceder corresponde al ámbito de actuación de la mente. Debido a esta esencial función fisiológica, nuestro cociente de felicidad está relacionado con nuestro estado de ánimo. Pero no es fácil dominar todo el conocimiento.

Después de su conversación del día anterior, el millonario era consciente de la importancia de ordenar su desorden mental, y de reemplazar el caos con un lugar risueño capaz de procurar la alegría y la felicidad eternas: un resort tan sereno como el que había construido en Shangri-La.

—¿Has dormido bien? —La pregunta del monje sacó al millonario de sus pensamientos—. Espero que la habitación estuviese caldeada.

—Sí, todo bien; los suizos hicieron un trabajo

fantástico con la calefacción por suelo radiante. Esta misma tarde enviaré un correo electrónico a mi oficina para que escriban una carta oficial de agradecimiento a su CEO. Aunque la verdad es que terminé la noche pensando en la conversación que tuvimos ayer sobre minimalismo. El minimalismo está bien, pero creo que se necesitan más variables para ser feliz en la vida. Después de todo, si la felicidad radicase solo en el minimalismo, el mundo se habría estancado. Sin progreso material la humanidad no habría tomado forma, ¿me explico?

El monje no esperaba que los primeros pensamientos del día en la mente de un millonario fuesen sobre el minimalismo. Sin embargo, los años en que había tratado con mentes inquisitivas le permitieron comprender los pensamientos que discurrían por la mente del millonario.

—Estoy de acuerdo. La felicidad es más que minimalismo. Sin ir más lejos, la semana pasada conocí a una fascinante pareja de ancianos estadounidenses que compartieron conmigo algunas ideas muy profundas sobre su aprendizaje en la vida. Vayamos a desayunar y te lo explico, ¿te parece?

A ambos les gustaba disfrutar de un desayuno contundente. Dado que los dos habían tenido dificultades en sus primeros años, consideraban el almuerzo como un lujo, por lo que el desayuno era siempre una comida muy apreciada.

—El señor y la señora Fanning son empresarios de primera generación, como tú, y poseen algunas plataformas petroleras en Texas. Probablemente rondan los setenta años, y estuvieron aquí para celebrar su cuarenta aniversario de boda. Lo que me atrajo de ellos fue el aura de felicidad que los rodeaba. Además, la disciplina que seguían, ya a su edad, era extraordinaria. Parecían tener todas sus actividades planeadas al minuto, ya fuesen de entretenimiento o las comidas. Disfrutaron, pero nunca se excedieron, por decirlo así. Así que le pregunté al señor Fanning cómo conseguía ser tan disciplinado y feliz a la vez.

»"La felicidad empieza por definir tus metas y ajustar tu vida en consecuencia", me respondió. "Define tus metas. Un paso esencial hacia la felicidad es dirigir tus pensamientos. Recuerda, donde pones el foco, allí fluye la energía. Por lo tanto, es imprescindible saber hacia dónde te diriges antes de empezar a recorrer el camino hacia la felicidad. Elimina toda confusión y reemplázala por objetivos bien definidos."

»Me explicó el juego de "establecer metas de fin de semana", que le encanta compartir con la gente. Es algo parecido a esto:

1) Viernes: justo antes de dormir, piensa en silencio, y escribe los veinte objetivos más importantes que quieras conseguir. Clasifícalos como prefieras: materiales, profesionales, sociales, físicos y emocionales, por ejemplo. Debes proponerte estas metas con honestidad y sinceridad. Coloca la hoja doblada bajo la almohada y deja que los objetivos sean el último pensamiento que ocupe tu mente antes de dormirte.
2) Sábado: al despertar, elimina cinco de los objetivos menos importantes de la lista. La eliminación no tiene que ser por categorías. Las cinco metas menos importantes de la lista se suprimen. Durante el día, piensa en

tus objetivos y valora si necesitas añadir alguno más. Después, por la noche, cuando estés en paz contigo mismo, elimina otros cinco. Si has añadido algo a la lista, elimina el número correspondiente de objetivos para que tan solo queden diez. De nuevo, duerme con la hoja bajo la almohada.

3) Domingo: cuando te despiertes, vuelve a eliminar cinco. Ahora te quedan cinco objetivos. Estas cinco metas son el propósito de tu vida. Vive por y para ellas. Identifica las habilidades, las personas y las herramientas necesarias para lograrlas.
4) Antes de irte a dormir el domingo, escribe las habilidades, las personas y las herramientas que has identificado para cada objetivo. Pon la lista definitiva de tus metas y el camino hacia ellas debajo de la almohada, y duerme con la satisfacción de haber comenzado el viaje mental hacia la felicidad.
5) Cada noche, antes de dormir, revisa la lista. Estos objetivos y el camino hacia su realización han de ser tus últimos pensamientos

antes de dormir. Gradualmente, la mente filtrará todas las demás ideas y tu focalización en estos objetivos se hará visible en todas tus acciones.

»Una vez que comienzas a hacer esto, avanzas al siguiente paso, que consiste en vivir de acuerdo con una lista de tareas —el monje hizo una pausa para tomar un sorbo de su *chai*.

—A mí también me gusta escribir listas de tareas —interrumpió el millonario. El entusiasmo que mostraba al compartir estos pensamientos era casi infantil—. No se pueden sobrevalorar los beneficios de crear listas de tareas pendientes. Es una herramienta esencial que ayuda a eliminar lo mundano y centrarse en lo necesario. Es mejor preparar la lista de tareas por la mañana para poder planificar el día en torno a ella. Por la mañana, la mente está en calma y en un mejor estado para procesar al completo el día que hay por delante.

»Sobrecargar la lista puede ser contraproducente. Por lo tanto, es mejor mantener una lista simple, numerada y precisa para ayudar a la mente y no abrumarla. Por la noche, se consulta la lista de tareas pendientes y se marcan las completadas. Con suerte, se habrá podido completar la lista, pero si algo está incompleto, no debemos preocuparnos. Se completa al día siguiente.

»La satisfacción de tachar las tareas completadas aumenta la confianza, alienta y da energía para lograr metas futuras. Nos ayudará a concentrarnos y a aumentar los logros. —El millonario terminó la frase con un brillo de satisfacción en los ojos. ¡Esperaba obtener una muestra de aprobación de su maestro!

De este modo, otra gran mente acababa de validar el secreto del señor Fanning.

Después del desayuno, ambos socios visitaron al gobernador de la provincia, que era el representante del gobierno de China y siempre estaba encantado de conocer a posibles inversores y averiguar cuál era su situación. Cultivar este contacto brindaba comodidad a los inversores y, posiblemente, también ayudaba a atraer más inversiones a la región. El gobierno chino valoraba a los inversores como ningún otro país del mundo, y esto era en parte debido al proceso de crecimiento que el país había experimentado durante las últimas décadas.

El millonario tenía la convicción de que China era una sociedad capitalista camuflada de socialista, mientras que la India era una sociedad socialista camuflada de capitalista.

El gobernador era un hombre de cincuenta y cinco años y de aspecto encantador, si es que algo así se puede decir. Sus ojos sonreían más que sus labios. A pesar de que el millonario no hablaba su idioma, la genuina mezcla de felicidad y de preocupación por su bienestar mostrada por el gobernador fue suficiente para que se sintiera bienvenido y amado por este país. Se dijo a sí mismo que la felicidad era algo contagioso.

En el camino de regreso al hotel, el monje llevó al millonario a conocer al Gran lama. Fiel a la filosofía de la iluminación, la habitación de este era austera, decorada solo con lo esencial. Resultó que el lama acababa de terminar su meditación, y en su rostro había un brillo divino de serenidad. El monje le había mencionado al millonario bastante a menudo, y el lama se mostró contento de poder conocer por fin a aquel visionario capaz de ver tanto el potencial financiero como el impacto social positivo de invertir en un proyecto como aquel.

El lama, como muchos de los suyos, había pasado algún tiempo en la India durante su infancia, y sentía mucho respeto hacia los indios por el apoyo que habían brindado a Su Santidad el dalái lama. Insistió en invitar al millonario a almorzar una comida sencilla de arroz y lentejas. El lama preguntó en broma si el millonario había traído de la India pepinillos en conserva. Desde tiempos inmemoriales, los indios habían viajado por todo el mundo como comerciantes y hombres de negocios, y no como invasores. Habían llevado consigo su cultura, su comida y su sabiduría. Desde sus días en Dharamshala, al lama le encantaba la conserva de pepinillo de mango. Los placeres simples suelen ser los más satisfactorios.

Mientras esperaban que les trajeran el almuerzo con la tradicional ceremonia del té, la conversación se encaminó hacia el tema de la meditación.

—Según la sabiduría y las escrituras antiguas, la meditación se ha practicado en diferentes formas y formatos para calmar la mente y concentrar la energía —explicó el lama—. La meditación puede significar diferentes cosas para diferentes personas. Existen varias escuelas de pensamiento y técnicas, y cada una tiene sus propios méritos y deméritos. Sin embargo, el objetivo de todas las técnicas de meditación es el mismo: traer armonía a la mente, el cuerpo y el alma. En mi opinión, cualquier cosa que ayude a alcanzar la armonía se puede considerar meditación. No defiendo únicamente las meditaciones yóguicas habituales.

»Armonía es un término que nos parece pasivo, y que rara vez se usa como parte de nuestro vocabulario activo. Cuando se utiliza en el momento adecuado, tiene un timbre placentero.

El millonario se alegró al escuchar aquellas palabras en aquel ambiente y con aquella compañía.

—Para algunas personas, el yoga es meditación, mientras que para otras incluso un paseo por el jardín es meditación. Para algunos, cantar es meditación, mientras que para otros escuchar las melodías de Kishore Kumar también lo es. —Las últimas palabras iban dirigidas al monje, que amaba las melodías de Bollywood—. En realidad, escuchar tus pensamientos en silencio mientras bebes una taza de *chai* también es meditación. En efecto, no te dejes llevar por ninguna definición establecida o preconcebida: cualquier cosa que te ayude a tener ese microsegundo de conexión instantánea con tu alma es meditación. Persíguelo. Es la fuente más potente de energía y felicidad. Que no te preocupe cómo quieren los otros que medites; solo tú sabes lo que te funciona. No te alejes de ello. —El lama sonrió y señaló los cuencos humeantes de arroz y lentejas que les habían servido.

La explicación del lama sobre la meditación tenía sentido para el millonario. Él nunca había podido sentarse en una posición «ideal» y empezar a meditar. No importaba lo que probase: su mente hiperactiva siempre se ponía a divagar. Pero si la definición que acababa de dar el lama era correcta, ¡meditaba todos los días cuando tomaba su taza de té matutina! Su momento *chai* era su momento para estar consigo mismo; era su meditación.

¿Cómo lo había sabido el lama? ¿Coincidencia, o guía divina? El millonario supo entonces que el camino hacia la felicidad había comenzado a revelársele.

Capítulo 3
La sencillez de la felicidad

> La belleza es la promesa de la felicidad.
>
> STENDHAL

—¿Qué es esa presentación que te tiene tan ocupado esta mañana? —inquirió el monje, esperando no sonar demasiado fisgón.

—Es un estudio acerca del futuro de la industria de las telecomunicaciones y sobre cómo las personas consumen datos a nivel mundial —respondió el millonario sin prestarle mucha atención ni levantar su mirada del iPad.

—¿Es cierto que la raza humana se encuentra en un punto de inflexión provocado por la introducción del mundo virtual y de la vida digital? ¿Es esta la nueva cocaína? —preguntó el monje, completamente consciente de que estaba molestando al millonario. Preguntar era su afición favorita. ¡Después de todo, como monje, había aprendido que interpelar a los demás era el primer paso para recibir algo!

El millonario dejó el iPad en la mesa y, tras una pausa, respondió:

—Sin lugar a duda, la exposición a los teléfonos móviles y al mundo virtual en su conjunto es a la vez un hito y una maldición en la cadena de la evolución humana. Tendrá implicaciones duraderas para la raza humana, algo que hoy en día no pueden visualizar ni siquiera las mentes más brillantes de nuestra generación. Creo que es esencial que aceptemos la tecnología, pero con precauciones. Hemos de entender que, una vez ha entrado en nuestras vidas, debería estar a nuestro servicio pero nunca convertirse en una tiranía. Es una herramienta que puede agregar un valor inmenso a nuestra vida diaria, pero en el momento en que comienza a controlarnos, debemos revisar los términos de nuestra relación con ella.

»Hoy en día todo el mundo sabe que el tiempo que pasamos consumiendo contenido en las distintas pantallas, principalmente a través de dispositivos personales como el teléfono móvil, no solo está alterando nuestros hábitos de interacción social sino también el poder de nuestra mente. Como sociedad nos estamos dejando llevar por el confort de la existencia virtual porque requiere un esfuerzo físico mínimo. Es más, los estudios apuntan cada vez más hacia la posibilidad de que esta saturación digital sea la fuente primaria de problemas como la ansiedad, la distracción, la depresión y la infelicidad.

»El impulso de mirar el móvil constantemente, la sensación de rechazo que se genera cuando tu entrada no recibe respuestas, o la depresiva tarea de comparar tu vida real con la vida virtual de otra persona está dando lugar a enfermedades mentales graves y a una sensación colectiva de infelicidad. ¡Por eso se está volviendo esencial aprender a desconectar! Sí, desconectar el móvil ha pasado a ser una tarea diaria esencial, tanto como lavarse los dientes. Dormir con el móvil al lado es más tóxico para tu felicidad de lo que piensas. Puede parecer un hábito inofensivo, pero a nivel inconsciente produce distintos problemas en la mente. La necesidad de estar conectados veinticuatro horas al día cada día de la semana y de participar de la "era de la atención" nos priva de los placeres sencillos de la vida.

«¿Era de la atención?» El monje había oído hablar sobre la Edad de Piedra, la edad de hierro, la era industrial, e incluso de la era del capitalismo, pero era la primera vez que escuchaba el término «era de la atención». No obstante, entendía bien el contexto al que se refería el millonario.

—Sin embargo, poner en práctica el distanciamiento de las pantallas es más difícil de lo que parece —interrumpió el monje, señalando de manera irónica el iPad del millonario.

—Precisamente esto demuestra mi planteamiento —rio entre dientes el millonario—. Todo ese tiempo que la gente pasa en las redes sociales, viendo series online, y consumiendo contenidos digitales de manera insensata, sin ningún propósito ni finalidad, nos está convirtiendo en zombis. Está haciendo que las personas pierdan la concentración en sus actividades diarias, y eso obstaculiza su productividad en el trabajo. Nos llegan noticias de tragedias que ocurren cuando hay personas que arriesgan su vida para grabar un vídeo o hacerse un selfi. Supongo que nunca se puede subestimar la estupidez de las obsesiones humanas. Puede que esto sea bueno para mi negocio, pero en casa me aseguro de regular el consumo de contenido online de mis hijos e imponer límites estrictos al tiempo de exposición a las pantallas. Conociendo los efectos secundarios, me aseguro de que esto no se convierta en un problema.

Como último pensamiento, el millonario añadió:

—La hipocresía es un rasgo extendido en el capitalismo. —Y se puso a trabajar en el iPad de nuevo.

El monje se alejó para ver por qué un grupo de turistas recién llegados estaba cantando el himno de su equipo de fútbol en el área de recepción. Seguramente su equipo había ganado. Siempre había algo nuevo que aprender en la industria hotelera. Sonrió.

El millonario necesitaba un descanso y decidió echar una siesta rápida. ¡El tranquilo ritmo de vida en Shangri-La le estaba ayudando a recuperar décadas de sueño perdido!

Por la tarde los dos socios tenían previsto ir al Parque Nacional de Pudacuo para planificar la visita a este parque forestal en las excursiones que se ofrecían a los huéspedes del hotel.

La belleza del parque era asombrosa. Los prados ondulados, las montañas azules y los lagos relucientes formaban un escenario perfecto. Pinos y cipreses añosos eran el telón de fondo de las aguas cristalinas. Las colinas eran suaves y estaban llenas de vida. A la belleza del paisaje se sumaba la orquesta musical de las diversas grullas de cuello negro que habían bendecido esta tierra convirtiéndola en su hogar. La experiencia en ese momento era, sin duda, de pura felicidad.

Justo entonces los pensamientos del millonario se desviaron hacia la jungla de asfalto que él consideraba su casa: Mumbai.

Reflexionó sobre cómo viven la mayoría de los humanos, los residentes del reino de la jungla de asfalto: «Algunos estamos enamorados de la familiar silueta de los rascacielos en el horizonte de la ciudad, hacemos música de su caos constante, y encontramos irresistibles las delicias gastronómicas de la vida urbana. Ir de compras y mirar escaparates, ir de bares y discotecas, y el concierto del tráfico, son aspectos imprescindibles de nuestra existencia. Ámalos u ódialos; ahí están siempre. Sin embargo, al vivir todo eso nos perdemos la pureza del mundo natural, tal como la estoy experimentando. Probablemente esta sea la razón por la que algunas personas pegan adhesivos en sus coches con la frase "Las montañas te llaman"».

Sus pensamientos seguían vagando.

«La naturaleza es la gran sanadora. Es una fuente ilimitada de felicidad, y nosotros, los residentes de la jungla de asfalto, tendríamos que llevar esa felicidad a nuestra vida diaria. Respirar naturaleza en lugar de imágenes superfluas es algo que debería poder incorporarse en nuestro estilo de vida mediante el diseño y la planificación. Quizá esto se puede conseguir cultivando plantas en tiestos, incorporando diseños arquitectónicos más abiertos, adoptando mascotas, buscando el tiempo para contemplar el amanecer y el atardecer, haciendo largas caminatas y pícnics en la naturaleza y escuchando música que evoque los sonidos del bosque. Así podríamos conseguir traer la naturaleza y su positividad a nuestras vidas. Abrazar la naturaleza, incluso a través de los actos más nimios, puede ayudarnos a eliminar las frivolidades y perseguir lo esencial. Va a resultar cierta la teoría de mi mujer sobre que un paseo por el parque puede calmarte los nervios y ahorrarte una docena de viajes al médico. Un solo atisbo de naturaleza puede teñir nuestra vida diaria de los colores de la felicidad. Amén.»

A medida que fluían sus pensamientos, se daba cuenta de que la sencillez de estas ideas resultaba empoderadora.

Sin olvidar que el escapismo del viaje y el turismo es una industria global multimillonaria, el millonario y el monje alzaron sus copas y brindaron por sus inversiones turísticas.

El viaje de regreso al resort fue silencioso. A veces, la felicidad y la belleza se disfrutan mejor en la soledad del silencio.

Capítulo 4
El juego de no culpar

La mayoría de la gente es tan feliz como se permite serlo.

Abraham Lincoln

Por la mañana, el monje estaba agitado, bien lejos, de hecho, del talante habitual en un monje. Algunos invitados habían desaparecido con valiosas pertenencias del hotel al abandonarlo a altas horas de la madrugada. ¡Malditos ladrones! Haber aceptado esa reserva de grupo de un agente de viajes que era amigo suyo había sido un error. De entrada, él había querido negarse, pero el miedo a perder popularidad lo había frenado, y ahora estaba pagando el precio. El rostro del responsable del servicio de limpieza del hotel mostraba sonrojo mientras recibía una lluvia de selectos insultos del monje.

El millonario acababa de terminarse su taza matutina de *chai*, y observaba con toda atención a su socio mientras culpabilizaba y faltaba al respeto al personal del hotel. Entendía su frustración, pero ver a un monje en tal estado de agitación era como presenciar un oxímoron de carne y huesos. El millonario pensó que, por una vez, le tocaba a él enseñar a su socio algunas lecciones sobre felicidad, tal y como él las había destilado de los misterios de la vida.

—Ya sabes que sentirse agradecido y no culpar es algo esencial para obtener la felicidad —empezó el millonario, sacando el tema sin ambages mientras se sentaban a desayunar. Aunque el monje ya se había calmado, en su rostro todavía eran evidentes los signos de aquel alboroto matutino—. Confía en lo que te digo, porque cuando nos olvidamos de estas dos máximas la vida va a peor rápidamente. La mayoría de la gente estará de acuerdo en que nos pasamos mucho tiempo pensando en todo lo bueno que nos podría haber ocurrido y que, por una cosa u otra, no ha sucedido. Esto incluye muchas cosas: algo que un compañero de trabajo ha hecho o dejado de hacer, algún suceso de nuestra infancia, la elección profesional que hicimos o una inversión que dejamos de hacer. Sea lo que sea, la idea es la misma: el pasado no se puede alterar. Ninguna cantidad, por grande que sea, de venganza, oración, remordimiento o remedio puede arreglar el pasado. Lo único que se puede ajustar son las consecuencias que el pasado tiene en el presente.

»Es más, es liberador saber que tú, y solo tú, tienes el control de tu vida. Esta es una lección esencial para aprender a ser feliz. El momento en que empiezas a culpar a los demás por la situación en que te encuentras, estás cediendo el control y renunciando a tu derecho a la felicidad. Una vez que te responsabilizas de tus acciones, aunque resulten desastrosas, estas te brindan la oportunidad de aprender. Sin embargo, cuando empiezas a jugar al juego de la culpa, tu mente está más ocupada tratando de elaborar una "lista de culpables" y deja de procesar las lecciones que podría haber aprendido del desastre.

»Por lo tanto, es esencial dejar de culpar.

»Se dice, y estoy muy de acuerdo, que si todos pusiésemos nuestros problemas en una mesa y los comparásemos con los de los demás, ¡la mayoría estaríamos más que contentos de salir de allí con nuestros propios problemas en las manos! Puede costar de creer, pero es así.

»Cada persona tiene que luchar su propia batalla, desconocida para los demás, y todos estamos equipados para hacer frente a esa batalla, y no a otra. En otras palabras, tus problemas son los problemas adecuados para ti. Es, por tanto, esencial estar agradecido por lo que tienes y dejar de lamentarte por lo que podrías haber tenido. Lo que tienes o dejas de tener ha sido diseñado de acuerdo con tus necesidades, y esta generosidad del karma debería ser valorada y apreciada. Es esencial aprender a ser agradecido para ser feliz.

El monje escuchaba con atención, y a medida que digería las palabras del millonario sus facciones se iban relajando.

—Pero recuerda —continuó el millonario— que ser agradecido no significa vivir un camino sin aspiraciones; no significa rendirse ni dejar de intentar progresar y avanzar en la vida. Significa celebrar el presente y construir el futuro a partir de este.

El millonario concluyó su explicación y el monólogo hizo que el monje se diese cuenta de su error. El hábito de culpar podía lastrarnos en el camino hacia la felicidad. Él también estaba contento de ver a su socio bajo un nuevo prisma. Solo un ser humano sensible sería consciente de la importancia de ser agradecido.

El monje se disculpó con el responsable del servicio de limpieza, y con un guiño y una sonrisa agradeció a su compañero que le hubiese mostrado el camino correcto. Después de todo, el monje tenía muchas cosas en su vida por las que estar agradecido.

A lo largo del día el monje siguió pensando en lo que había ocurrido por la mañana. Buscaba ansiosamente la razón por la que el incidente le había alterado tanto. Clientes desapareciendo con objetos del hotel era algo que ocurría a menudo. Entonces, ¿qué le había conducido a una reacción tan extrema? Necesitaba entender el motivo que se escondía tras su ira. Pensó que quizá una charla rápida con su maestro espiritual podía ayudarle.

El lama escuchó la narración del monje. La ingenuidad que este mostraba al repetir literalmente los insultos que había lanzado al responsable del servicio de limpieza del hotel le hizo sonreír. Algunos de esos abusos verbales le recordaron al lama los días pasados en Dharamshala, donde los turistas que venían de Delhi lanzaban insultos a modo de signos de puntuación, pero todo con muy buenas maneras. Cuando el monje terminó su relato, el lama había entendido la causa de su agitación.

—Ahora que has decidido volver al mundo del comercio —dijo con una voz suave pero firme—, necesitas entender el detalle imprescindible para obtener el éxito y la felicidad en la vida. Tienes que aprender a decir NO. —El lama hizo una pausa para fijarse en el pájaro que acababa de posarse en el alféizar de la ventana. ¿También se había acercado para escucharle?—. Se crea mucha infelicidad en nuestra vida porque no nos han enseñado a decir NO. La mayoría de nosotros tenemos miedo de decir NO a otras personas, a situaciones y a relaciones porque tememos el boicot social o las privaciones económicas, o simplemente porque tenemos miedo al cambio.

»Se nos hace creer desde la infancia que decir SÍ es la clave del éxito y la felicidad, ya que abre nuevas puertas. Lo que no nos enseñan es que decir NO no significa necesariamente perder oportunidades. Simplemente significa que, después de haber analizado una situación de la mejor manera posible, si sientes deseos de decir NO, puedes decirlo sin ambages y actuar en consecuencia. No permitas que nada ni nadie te intimide y te lleve a decir SÍ cuando no quieras hacerlo. Hacer algo solo para complacer a otra persona es un modo de adulación peligroso, y debe evitarse en todas las circunstancias.

»Tu mente y tu corazón están agitados porque dijiste SÍ cuando debiste haber dicho NO.

»La tragedia humana radica en el hecho de que construimos relaciones, carreras profesionales y situaciones sobre la base de un SÍ involuntario. Esta farsa, que creamos solo porque no podemos decir NO, siempre acaba por tergiversar nuestras vidas. Por eso, una relación que merece un NO puede cerrar la puerta para siempre a otra relación que merecía un SÍ. Una carrera sin alegría puede destruir un talento brillante, y así sucesivamente. Si observas a tu alrededor, seguro que encontrarás varias vidas que se viven en la infelicidad solo porque no han tenido el coraje, o la educación necesaria, para decir NO. Te debes a ti mismo el decir NO cuando sea necesario.

»Incluso los tres monos del Mahatma están dedicados a practicar el poder de decir NO. Decir NO te puede resultar doloroso de manera temporal, pero la felicidad de ordenar y limpiar tu vida superará con creces cualquier dolor.

Tras predicar de este modo para su discípulo, el lama guardó silencio. Miró al pájaro, que parecía apreciar la recepción de este conocimiento divino. Y tras lo que le pareció una reverencia de agradecimiento, el pájaro levantó el vuelo. Quizá este conocimiento le ayudaría en su próxima vida. El lama sonrió.

Capítulo 5
Evita el rencor

Lo bueno de la música es que,
cuando te golpea, no sientes dolor.

Bob Marley

El millonario era muy escrupuloso con su rutina matutina. Se levantaba a las cinco de la mañana y tras una larga ducha se sentaba a escuchar las frases positivas que su padre le había dejado grabadas hacía veinte años. Era un regalo de un valor incalculable. El millonario solía bromear con sus amigos sobre su salud diciendo que esta era, probablemente, su peor inversión. No practicaba yoga ni ningún otro tipo de ejercicio físico, y se contentaba con el ejercicio mental. Con la taza de *chai* en la mano visualizaba en su mente el día que estaba empezando y lo planeaba cuidadosamente. Creía firmemente en el poder de visualizar las metas y los desafíos.

En casa disfrutaba haciendo tareas mundanas, como cuidar de las plantas o preparar el desayuno para sus hijos; estaba empezando a entender que seguramente esas tareas eran su forma de meditación.

Nada de correos electrónicos o redes sociales antes de las ocho de la mañana; esta era la otra regla que seguía a rajatabla. Estaba orgulloso de que, incluso con las bajas temperaturas que reinaban en el Tíbet, seguía siendo capaz de tomarse sus duchas frías. Probablemente se jactaría de esto la próxima vez que comentase los beneficios de los baños de agua fría con su mujer.

Aquel día, mientras se sentaba para revisar el correo electrónico, su rostro empezó a enrojecer. Un periódico de Kazajistán acababa de publicar una historia sobre corrupción en las altas esferas, y acusaba explícitamente al millonario de utilizar sobornos para obtener la licencia del monopolio de telecomunicaciones. El millonario estaba furioso. ¿Cómo podían tener la osadía de contar las cosas de esa manera? Todos sabían que el millonario se había negado a bailarles el agua a las autoridades, y este era el motivo por el cual el expediente aún estaba pendiente de aprobación. Y ahora lo estaban culpando de algo que no había hecho. A sus problemas se sumaba el hecho de que, en consecuencia, la empresa conjunta con los inversores de Singapur corría peligro.

En las noticias imperaba el sensacionalismo, que permitía obtener un mayor número de seguidores, y él ya se había enfrentado a esta triste realidad en otras ocasiones. Esto exigía represalias al más alto nivel. El millonario no tenía por costumbre permitir que nadie le dijese lo que tenía que hacer. Sabía cómo guardar los trapos sucios y contraatacar cuando llegaba el momento oportuno.

Tras una larga conversación telefónica con sus inversores en Singapur para aplacarlos, el millonario decidió bajar a desayunar. Aunque era más tarde de lo normal, el monje lo estaba esperando. Se sentaron juntos. El monje pronto intuyó que su socio estaba rumiando alguna cosa.

—¿Todo bien? —Apenas dos palabras provenientes de la boca del monje consiguieron liberar el tsunami de emociones que hervía en el interior del millonario. El monje quedó desconcertado por la intensidad de esos sentimientos. Ahora era él quien se encontraba en el extremo receptor de un arrebato emocional, a diferencia del día anterior, cuando él había estado en el polo de emisión y el personal de limpieza en el de recepción. El karma no tardaba en contraatacar.

—Los voy a demandar del derecho y del revés. No saben con quién se han metido esta vez —farfullaba el millonario. En vista de la intensidad emocional de la situación, el monje decidió aplazar la visita al monasterio de Songtsen que habían previsto para ese día. Era una lástima, ya que aquel era el último día antes de que su gran maestro comenzase su voto de silencio, y este había accedido a conocer al millonario.

El millonario decidió pasar el resto del día haciendo videoconferencias con su equipo legal y sus asociados. Junto a ellos ideó una estrategia para devolver el golpe, considerando los costes y las consecuencias, y movilizando todas las armas necesarias, aunque en el fondo él sabía que era fútil empezar una batalla solo por un arrebato. Permanecer en la ignorancia hubiese sido una bendición, pero dada la situación, la sed del demonio del ego tenía que ser saciada.

Para cuando todo estuvo arreglado, ya se había hecho de noche. El millonario decidió dar un paseo tranquilo. Cuando llegó al patio abierto, se sorprendió al encontrar una fogata y a un grupo de artistas locales cantando y tocando su música tradicional con una guitarra acústica. El monje le hizo una seña para que se uniera a ellos. La música siempre levantaba el ánimo. Mientras se sentaba junto al monje, sus ojos descubrieron a una joven. Era de una belleza frágil, con un encanto arrebatador.

Aunque el millonario no entendía su idioma, le encandiló el entusiasmo de aquellas personas mientras cantaban y bailaban alrededor del fuego. Después de un rato, el micrófono terminó en manos de la joven. Tras vacilar un momento, la chica se puso de pie y sostuvo el micrófono. El hechizo mágico que se originó en aquel momento resultaba inexplicable. Aunque el millonario no entendía la letra, la melancolía que contenía su voz era desgarradora. La audiencia estaba extasiada. Probablemente se tratase del mismo tipo de hechizo que lanzó la legendaria Lata Mangeshkar cuando bendijo a los indios cantando por primera vez el clásico *Ae Mere Watan*

Ke Logo. Cuando la canción terminó, nadie se movió. Era como si alguien tuviese que devolverlos a la realidad. Poco a poco, la gente regresó de aquel mundo mágico. Pero una cosa era segura: todos los que habían escuchado la canción esa noche sabían que habían experimentado algo divino. Se trataba de algo más que una canción.

—¿Sobre qué ha cantado la muchacha? —preguntó el millonario tras haber absorbido aquella voz angelical.

—Renunciar a los rencores —respondió el monje, que también se sentía bajo el influjo del hechizo de la canción—. Es un viejo cuento popular sobre cómo una aldea idílica fue destrozada debido a un pequeño malentendido, de cómo la guerra devastó la ciudad y dejó un rastro de desesperación y destrucción. Todo porque a nosotros, como humanos, nos gusta guardar rencor. Podemos llamarlo como queramos: ego, venganza, honor o envidia. Se le llame como se le llame, todos los nombres se refieren a lo mismo: el deseo de devolver el golpe a alguien que quizá te haya hecho daño o no, pero por quien indudablemente te sientes herido y hacia quien cultivas la necesidad de venganza.

»La gente de aquella aldea malgastó recursos valiosos como tiempo, dinero y, a veces, incluso relaciones, solo para ser vistos como los vencedores. No obstante, la mayoría terminaron perdiendo.

»El problema del rencor es que es un arma de doble filo —continuó el monje, yendo ahora más allá de la interpretación de la canción—. Tiene el potencial de cortar en ambos sentidos y, a veces, la acción que nace de un resentimiento te hace más daño a ti que a la otra persona. Trágicamente, el resentimiento es, demasiadas veces, el resultado de un malentendido, de la falta de comunicación o de una comprensión selectiva; de cosas que, en realidad, podrían enterrarse rápidamente.

El millonario se sintió incómodo al escuchar la historia y las palabras que había añadido el monje. Se había pasado todo el día planeando su revancha, y ahora se topaba con el relato de una venganza que resultó contraproducente para todos los involucrados. ¿Había sido la puesta en escena de la canción un esfuerzo deliberado del monje para transmitirle un mensaje, o bien un poder superior había combinado los eventos de esa noche para que él aprendiese la inutilidad de guardar rencor?

—Entonces, ¿qué debe hacer uno si le han herido? —preguntó el millonario con voz sincera.

El monje miró las brasas que aún brillaban y libraban una batalla perdida con la fría brisa. Reflexionó acerca de la conversión del caluroso día en una noche gélida. El Tíbet era probablemente una de las pocas maravillas geográficas donde en un solo día se podían experimentar temperaturas extremas que iban desde los 35 grados a los 17 bajo cero, todo en veinticuatro horas. Después de reflexionar sobre la cuestión, el monje habló con autoridad.

—Aprende a perdonar y a olvidar. No vale la pena sacrificar la felicidad del presente para saldar cuentas del pasado. La vida es demasiado corta como para almacenar rencores. Los periódicos están llenos de esas trágicas historias en las que personas y familias destruyen sus relaciones y viven siempre con rencor. Siempre hay que recordar que perdonar no es una debilidad.

»Pero al mismo tiempo, uno debe ser lo suficientemente audaz para intentar buscar una explicación a las acciones hirientes de otra persona. No creas en los chismes; habla directamente con la persona. Te sorprenderá comprobar que el diálogo puede resolver los peores enfrentamientos. No confíes en los cotilleos, ni los promuevas, ni los generes. Tu vida es demasiado valiosa para que te limites a ser un sumidero.

»Además, hay que aprender a pedir perdón. No hay nada malo en estar equivocado y en reconocerlo. Disculparse no debe generar ninguna vergüenza si puede resolver el asunto. El diálogo y el arbitraje son mucho más efectivos y eficientes que el litigio. El dinero, el tiempo y la ansiedad invertidos en el litigio, invalidan la mayoría de las veces cualquier ganancia que se pueda obtener.

»Y, por último, desarrolla el sentido del humor. A veces, ignorar o reírse de los comentarios hirientes de alguien puede ahorrarte mucha acidez estomacal. La verdad es que muy a menudo las personas no quieren decir lo que dicen, o tal vez están hablando bajo la influencia de alguien o algo, y no tienen la intención de hacer ningún daño. Si te tomas en serio todo lo que dice la gente, vivirás una vida difícil. Aprende a ignorar.

¡El monje guardaba algunos ases bajo la manga en asuntos mundanos! El millonario hizo el ademán de sacarse el sombrero para reconocer la profundidad de la sabiduría del monje. A los tribunales de Kazajistán les vendría bien un pleito menos.

Capítulo 6

Cuerpo sano, cuerpo feliz

Una vez escuché la siguiente definición: la felicidad está en tener salud y muy poca memoria. Ojalá la hubiese formulado yo misma, porque es una gran verdad.

AUDREY HEPBURN

Llevaba quince días en Shangri-La, y el millonario se sentía cómodo allí. Como en su *suite* había wifi y una mesa de trabajo, podía dirigir su imperio desde el confort de su habitación. Su cuerpo también había empezado a responder positivamente al aire puro, a la comida sencilla y a los paseos largos y regulares. «Mi cuerpo está empezando a rejuvenecer», pensó.

Al ser una noche de martes, el hotel estaba tranquilo. El escaso número de huéspedes y el día festivo semanal de parte del personal daban como resultado que el área de recepción estuviese desierta. El millonario y el monje estaban sentados tranquilamente, como dos estudiantes, hablando sobre cosas sin importancia. Era como regresar a los días sin preocupaciones de la juventud.

—¿Sabes una cosa, socio? Estos días se te ve mucho más en forma —comentó el monje.

—¡Lo sé! Esta mañana me he dado cuenta de que mi cintura se ha reducido. El dolor de espalda también ha mejorado. Tengo la esperanza de poder volver a montar en mi bicicleta Enfield, que guardo desde la época del instituto —bromeó el millonario.

—No sé si sabes que en nuestra vida monástica se le presta mucha atención a la salud. —Una voz pausada se unió a la conversación. El gran lama había venido para supervisar a sus estudiantes, que dedicaban parte de su tiempo a impartir clases de pintura thangka a los huéspedes del hotel, y al descubrir a los socios disfrutando por una vez de la sala y su momentánea tranquilidad, había decidido unirse a ellos.

A veces, no hacer nada es un modo de atraer energía divina.

—Para nosotros los budistas, este cuerpo es un préstamo del que podemos disfrutar, y es nuestra responsabilidad mantenerlo saludable para el alma que reside en él. No hay ninguna duda de que un cuerpo saludable puede ser un ingrediente esencial en el cóctel de una vida feliz —explicó el lama pausadamente, mientras ocupaba la silla vacía que estaba más próxima a la chimenea—. Seguramente os resulte familiar la sensación de que, cuando vuestro cuerpo está enfermo, estáis bajos de ánimo, y sentís el corazón triste. Este simple hecho sirve para demostrar que llevar una vida poco saludable dificulta la felicidad. Por tanto, es necesario reconocer y apreciar el valor de un cuerpo saludable para el cociente de felicidad, y tratar al cuerpo en consecuencia.

Lo que decía el gran lama tenía mucho sentido. Un cuerpo saludable te hace sentir más dichoso.

—Nosotros creemos que un cuerpo saludable es el resultado de tres aspectos fundamentales: nutrición, ejercicio y descanso. Los tres elementos juegan un papel vital a la hora de mantener y potenciar la salud. Ninguno de los tres es suficiente por sí mismo, sino que deben combinarse equilibradamente para mantener un cuerpo en forma y feliz.

»Seguramente habréis oído hablar del nutricionista americano Victor Lindlahr, que en los años veinte del siglo pasado dio al mundo la famosa frase «Eres lo que comes». Esto significa que la comida que ingerimos define la salud física y mental. En el Tíbet hemos estado practicando este principio durante años.

»Esta frase cobra nueva relevancia en nuestros días, porque ahora vivimos rodeados de una cantidad de posibilidades alimentarias como seguramente nunca antes habían estado al alcance de la humanidad. Por primera vez en la historia, nuestra civilización come por el placer de hacerlo más que para satisfacer las necesidades del cuerpo. A diferencia de nuestros ancestros, que con toda probabilidad tenían que salir a cazar su propio almuerzo cada día, ahora nos limitamos a abrir un paquete y ¡listo! ¡El almuerzo está servido!

»Sin embargo, comer no es lo mismo que nutrir el organismo. El cuerpo humano tiene perfectamente definidos sus requisitos para una vida saludable. Privarlo de nutrición puede producir daños colaterales. A partir del momento en que empezamos a alimentarnos correctamente, veremos cómo revierte de manera positiva tanto en la felicidad emocional como en el bienestar físico.

»El segundo aspecto esencial de un cuerpo sano es el ejercicio físico. Hoy en día, la mayoría de las personas llevan una vida sedentaria. El fácil acceso a la tecnología y a todo tipo de equipamientos ha disminuido significativamente la cantidad de actividad física en nuestras vidas. ¡Hasta los monjes han empezado a conducir a todas partes con sus automóviles! —El lama volvió a clavar la mirada en el monje con una sonrisa maliciosa—. Si bien esto permite y hasta potencia nuestro trabajo mental, el cuerpo sigue necesitando su ración de actividad física. Varios estudios científicos han demostrado que hay una importante correlación entre ejercicio físico y felicidad. Se ha comprobado científicamente que el ejercicio aumenta las endorfinas y otros componentes químicos que favorecen el bienestar cerebral. También reduce los niveles de estrés hormonal que conocemos como cortisol. Incluso se sabe que pequeñas dosis de ejercicio físico pueden tener efectos curativos significativos en enfermedades mentales como la depresión, la ansiedad, el estrés y otros problemas emocionales. Algo tan sencillo como diez o quince minutos de ejercicio estructurado, como, por ejemplo, yoga o un largo paseo, ya es un buen comienzo.

»Por último, dormir bien es muy importante para el cuerpo. Nuestros maestros más sabios nos transmiten a menudo que "El sueño es la mejor forma de meditación". —El lama cerró los ojos con gesto reverente al pensar en Su Santidad. Puesto que mencionar al dalái lama podía ser problemático, prefirió no aclarar quién había pronunciado aquellas palabras tan valiosas, pero todos conocían la pasión por dormir que profesaba el dalái lama—. La calidad de nuestro sueño tiene una influencia directa en nuestra salud física y mental. El descanso es un aspecto esencial para definir nuestro bienestar fisiológico y psicológico. Es el modo que tiene la naturaleza de restaurar nuestra fortaleza física. Una cantidad insuficiente de horas de sueño se ha relacionado con enfermedades como la diabetes, la obesidad, los problemas cardíacos, las defensas bajas y la reducción de la esperanza de vida. La falta de sueño se está convirtiendo con gran rapidez en una silenciosa crisis de salud pública. La tendencia a eliminar horas de sueño nocturno para perseguir nuestros sueños de día se está tornando peligrosa.

La precisión científica de las explicaciones del lama le habría valido de igual modo en cualquier congreso médico.

—¿Maestro, tiene algunos consejos para dormir bien? —preguntó el millonario.

—A menos que sufras alguna patología, en cuyo caso necesitarás buscar ayuda médica, los trucos para dormir bien son sencillos. Estoy seguro de que tu socio ya conoce muchos de ellos. No me extrañaría que tenga un doctorado en el tema —bromeó el lama.

El monje sonrió.

—Los trucos que yo pongo en práctica son muy sencillos:

- Tener un horario regular para acostarse y levantarse.
- Ir a dormir bien cansado, para evitar dar vueltas y más vueltas en la cama.
- Antes de acostarse, practicar algo de mind-

fulness mediante ejercicios como hacer punto, pintar o leer.

- Evitar los alimentos procesados y las bebidas que contengan alcohol, cafeína y nicotina.
- Haz de tu dormitorio un entorno confortable para dormir.
- Evita pensar en temas que te produzcan ansiedad.
- Evita mirar la pantalla del móvil justo antes de dormir.

»En general, para facilitar un sueño profundo la idea es intentar ayudar a tu cuerpo a relajarse y mantener el reloj biológico.

Tras una breve pausa, el lama se levantó de su asiento, atizó el fuego, y mirando al millonario, concluyó la discusión con un comentario que impresionó a este.

—Por último, ten siempre presente que nadie puede padecer por ti tu dolor corporal o tus enfermedades. Los avances médicos y el dinero solo pueden aminorar los síntomas de tu enfermedad y tu dolor; pueden prolongar tu vida, pero la agonía y la desdicha de la enfermedad son solo tuyas. Tu familia y tus amigos pueden mostrarte su comprensión, darte apoyo moral y refuerzo emocional, pero ninguno de ellos podrá sustituir tu cuerpo enfermo con su propio cuerpo saludable. Luchar contra la enfermedad es siempre una batalla solitaria y desdichada.

Aunque estas palabras habían sido pronunciadas en el tono amigable que caracterizaba la expresión del lama, el silencio que reinaba en la zona de recepción hizo que sonasen lo suficientemente alto como para que hasta la recepcionista pudiese oírlas y percibir su profundidad. De manera inesperada, otra alma se beneficiaba de la sabiduría del lama.

A partir de aquel día, el millonario añadió treinta minutos de ejercicio físico a su rutina matutina, y se prometió a sí mismo seguir aquellos rituales para favorecer la calidad de su sueño.

Capítulo 7
Comprar la felicidad

Cuando era joven, pensaba que el dinero era lo más importante en la vida; ahora que soy viejo, sé que lo es.

Oscar Wilde

Por la tarde reinaba un movimiento poco habitual en la recepción del hotel. Acababa de llegar un grupo de estudiantes de negocios de Shanghái. El monje era un miembro muy activo de la industria local, y era también muy activo en la promoción del emprendimiento entre la población local. Desde cultivar colmenas hasta comercializar té, recorría el país dando charlas sobre los efectos positivos de las iniciativas sociales en la vida de los pueblos y sus habitantes. De resultas de esto, cada año visitaban Shangri-La cuatro o cinco grupos de prestigiosas escuelas de negocios de China para experimentar de primera mano el funcionamiento de las empresas locales. El que acababa de llegar era uno de aquellos grupos.

El monje le propuso al millonario una idea con gran entusiasmo:

—¿Por qué no das hoy una pequeña charla sobre el dinero? Todos los estudiantes entienden el inglés, y estoy seguro de que estarán encantados de conocer y escuchar a un millonario.

Al millonario le parecía una idea atractiva; los intercambios culturales siempre aportaban una nueva perspectiva a sus procesos de aprendizaje, y su mente empezó a preparar la intervención de última hora de la tarde. La cuestión era cómo hacer que la charla tuviese interés para los estudiantes. Así que el millonario tituló la sesión: «Sí, la felicidad puede comprarse», sabiendo muy bien que la audiencia encontraría más atractiva la idea contraria.

La reunión informal en el comedor comenzó con el monje presentando al millonario y sus logros. Un generoso aplauso saludó a este mientras tomaba el micrófono.

—*Tashi Delek* a todos. Bienvenidos a nuestro hotel, esperamos que tengáis una gran estancia —comenzó—. Todos hemos oído el dicho, «El dinero no puede comprar la felicidad». ¿Y si yo os digo que es mentira? ¿Y si os digo que el dinero es uno de los componentes esenciales de la dicha? Puede que esto sea contrario a lo que os han enseñado, pero es la verdad.

La audiencia escuchaba atentamente.

—Dejad que me explique. Tanto el dinero como la felicidad son conceptos más amplios y complejos de lo que la mayoría de la gente cree. La felicidad no equivale a la mera gratificación, y el dinero no significa tan solo tener efectivo.

El millonario hizo una pausa para que los oyentes tuvieran tiempo de entender lo que acababa de decir.

—Es importante distinguir entre el dinero como concepto y la búsqueda incontrolada de dinero como acción. Lo último no es deseable, pero lo primero es un bien esencial. El dinero es una parte integral de nuestro cociente de felicidad. Es uno más de los muchos otros factores que hacen feliz a una persona. Es un activo que es importante tener. Ahora bien, ¿es el único componente? NO.

Se oyeron algunos murmullos de aprobación.

—De hecho, el concepto del dinero está conformado por cuatro dimensiones. Cuando las conozcáis, os daréis cuenta de que el dinero es un concepto mucho más vasto de lo que se suele pensar, y de que la correlación entre la felicidad y el dinero no se puede evitar.

»Al principio de mi carrera, creía que el dinero tenía dos dimensiones: se ganaba y se gastaba. El resultado era que nunca conseguía obtener felicidad a partir de cualquier cantidad de dinero, grande o pequeña, que poseyera. Sin embargo, a medida que me iban saliendo canas, empecé a darme cuenta de que el dinero tiene otras dos dimensiones. Y desde que empecé a sincronizar las cuatro dimensiones, mi vida ha estado llena de la felicidad que he podido comprar mediante el dinero.

»Hoy voy a hablaros de estos dos aspectos generalmente ignorados.

La excitación entre el público se podía palpar. La perspectiva de descubrir secretos sobre el dinero hacía vibrar a la multitud.

Tras beber un sorbo de agua, el millonario continuó:

—Las cuatro dimensiones del dinero son: 1) los ingresos, 2) los ahorros, 3) la inversión y 4) el consumo.

»Los ingresos, el salario, los dividendos, los beneficios, los intereses, los pagos o las compensaciones, todo se refiere a lo mismo. Es la recompensa por nuestros esfuerzos recibida en dinero o en especies. Es el aspecto más visible e instantáneo del dinero, el que todos percibimos.

»Trabajamos y tenemos ingresos. Es una ecuación sencilla.

»Sin embargo, los ingresos en sí mismos no son el dinero en sí. Los ingresos solo son uno de los cuatro pilares del dinero. En el momento en que consideramos que ingresos equivale a dinero, estamos perdidos. Esta es la razón por la que oiréis a muchas personas quejarse de que, ganen lo que ganen, no consiguen ser felices. La verdad es que no entienden que los ingresos no son dinero. Puede ser que supongan dinero líquido, pero no significan hacer dinero. Los ingresos son lo que ganas. No son más que una de las dimensiones del dinero, y el dinero no es más que un componente de la felicidad. ¿Cómo puede alguien esperar alcanzar la felicidad solo porque tenga ingresos?

»Este conocimiento es el primer factor diferencial para que el dinero produzca felicidad o tristeza.

»Ahora pasemos a la segunda dimensión del dinero, el consumo. Este es un uso habitual de los ingresos. Algunos de nosotros vivimos para esto. ¡Otros se mueren por ello!

Una breve carcajada recorrió la sala.

—La mayoría de nosotros consideramos que gastarnos nuestros ingresos es la fuente de felicidad que proporciona el dinero. Asumimos que, si podemos comprarnos lo que queremos, seremos felices. Sin embargo, cuando gastarnos nuestros ingresos no consigue hacernos felices, rápidamente decimos que el dinero no compra la felicidad. Repetimos el mismo error de antes, es decir, usamos solo una dimensión para entender la felicidad.

Los estudiantes empezaban a entender hacia dónde iban estas reflexiones, y muchas cabezas asentían.

—Irónicamente, aunque los ingresos y los gastos por sí mismos no pueden añadir mucho a nuestro estado de felicidad general, la búsqueda incontrolada de dinero y el consumismo vacuo pueden convertirse en las mayores causas de infelicidad. Así que, en efecto, puede ser que en general no añadan mucho a nuestra felicidad, pero si se abusa de ellas, acaban arrebatándonosla por completo. Sí, es una relación extraña, y vale la pena que hagáis una pausa y la analicéis.

La audiencia estaba en silencio. Seguramente estaban absorbiendo estas grandes ideas.

El monje estaba sentado en una esquina, sonriendo. Sabía que lo que los chicos estaban aprendiendo aquella tarde era más de lo que aprenderían en dos años de actividad académica.

—Ahora hablemos de las dos dimensiones secretas pero esenciales del dinero, y de cómo pueden modelar vuestra felicidad. Estas dos dimensiones son la fuente real de la felicidad, así que escuchad atentamente —ordenó el millonario, que ahora se había transformado en el magnate de los negocios que era en realidad, pidiendo y obteniendo toda la atención de su público—. Los jóvenes piensan que los ahorros son para los viejos. ¡Y los viejos se arrepienten de no haber ahorrado en su juventud! Como los ahorros constituyen un uso voluntario del dinero, mucha gente decide ignorarlo. Los ahorros son la tercera dimensión del dinero. La mayoría de nosotros es incapaz de visualizar la utilidad de ahorrar. Por ello, se convierte en esa dimensión del dinero que no vemos hasta que la necesitamos. Y como se suele decir: «Si no habías tomado precauciones para un día de sol, aún tendrás más problemas si acaba siendo un día de lluvia».

»Todo el mundo debería tener un plan y una disciplina estricta para ahorrar dinero. Debemos tener presente que los ahorros son algo diferente de las inversiones, de las que hablaremos más tarde. Por tanto, siempre es conveniente organizar tus ahorros siguiendo estos parámetros:

1. Liquidez: los ahorros deberían ser líquidos, es decir, deberíamos ser capaces de tener ese dinero a mano rápidamente y con el mínimo coste cuando queramos.
2. Accesibilidad: los ahorros deberían ser accesibles desde cualquier lugar y a cualquier hora.
3. Seguridad: los ahorros deberían estar libres

de riesgo y no estar sujetos a términos o condiciones del mercado.

»Solo cuando los ahorros cumplan todos estos requisitos se pueden llamar ahorros y vivir relajado y feliz.

El millonario se sorprendió al descubrir al gran lama entre el público. Le dedicó una sonrisa para saludar su presencia.

—Por último, el componente más glamuroso del dinero, del que nacen las leyendas, son las inversiones.

El millonario había conseguido su fortuna a base de inversiones que habían cambiado las reglas del juego a nivel global. Desde *gadgets* de alta tecnología hasta objetos más tradicionales, tenía una gran reputación como inversor. Entre los inversores se murmuraba que su habilidad personal para generar beneficios estaba al nivel de los equipos económicos más excepcionales a nivel global.

—Para explicarlo de una manera sencilla, la inversión consiste en hacer que nuestro dinero trabaje tanto como nosotros —continuó el millonario—.

En las finanzas, el concepto del valor del dinero nos explica que, con el paso del tiempo, este pierde su valor debido a la inflación. En términos simples, cien dólares de hoy en día tienen menos valor que cien dólares de hace veinte años. Esta es la razón por la que, cuando nos sentamos a la mesa con los más ancianos de nuestra familia, se ponen a hablar con orgullo de cómo con lo que hoy cuesta un paquete de galletas en su época ellos podían comprarse cualquier cosa. Seguramente exageran un poco, pero la idea es cierta. El dinero pierde su valor con el tiempo. Por eso es importante hacerlo crecer de manera que pueda compensar esta erosión de su valor.

»Os daré algunas reglas para vuestras inversiones. Espero que entendáis los conceptos que encierran y podáis aplicarlos en el mundo real. Quizá queráis tomar algunos apuntes.

Algunos rebuscaron entre sus pertenencias para sacar bolígrafo y cuaderno, mientras que otros, simplemente, se pusieron a grabar al millonario con sus teléfonos móviles. «Es la Generación Z», pensó el millonario.

—Regla 1: relación entre el riesgo y la recompensa. Esta es la regla de oro de cualquier inversión. Cuanto mayor es el riesgo, mayor es el beneficio. Cada opción de inversión ofrece un beneficio que está en consonancia con su perfil de riesgo. Si alguien os dice que la inversión es tan segura como un depósito en un banco pero que da grandes beneficios, os está mintiendo.

»Cuanto mayor es el riesgo, más aumenta la posibilidad de pérdida del capital, del dinero invertido. Debéis entender cuál es vuestro perfil de riesgo basándoos en vuestra edad, necesidades personales, necesidades familiares e ingresos. La mayoría de gente tiende a comportarse como Mel Gibson en *Braveheart* y sobreestiman su capacidad de riesgo. Sed honestos con vuestro perfil de riesgo, y evitad cualquier inversión que no se ajuste a él. La diversificación de tipos de activo reduce el riesgo. Sin embargo, un riesgo menor proporcionará un menor beneficio.

»Regla 2: los beneficios del capital (el dinero que se invierte) son siempre más importantes que lo que ganamos (los ingresos).

»Regla 3: no hay que imitar los movimientos

de inversión de otras personas solo porque nos parezca que las cosas les van mejor que a nosotros. Recordemos que cada persona tiene un perfil de riesgo diferente y distintos objetivos financieros. Invertir es un proceso a largo plazo. El objetivo principal de la inversión es la obtención de riqueza, y esto solo se puede conseguir siendo disciplinado, sistemático y constante en el tiempo.

» Regla 4: si no se tienen suficientes conocimientos, confiaremos nuestro dinero a profesionales que tengan experiencia en distintos ciclos de mercado y diferentes situaciones. Y no debemos olvidar que nada es gratis. Si alguien nos intenta vender una propuesta de inversión a cambio de nada, es que esconde alguna cosa. Hay que prestar atención a todos los intereses en juego.

» Regla 5: nunca debe pedirse un préstamo a cuenta de algún bien improductivo o que está perdiendo valor.

» Regla 6: desde el principio de vuestra trayectoria en el mundo de las finanzas, tened siempre presente que no es el coste de la vida lo que resulta caro, sino el estilo de vida. Una buena regla es intentar dedicar el mínimo de dinero al consumo y el máximo a las inversiones. Es más, deberíais tener suficientes ahorros para los gastos de seis meses en todo momento. Creaos un fondo de ahorro antes de empezar a invertir.

»Regla 7: aprended a controlar la tentación de consumir. El minimalismo es el secreto de la creación de riqueza.

»Y, por último, mi favorita, la que siempre comparto con personas casadas o que están a punto de estarlo: las joyas no son una inversión, sino que se trata de consumo.

Y el millonario terminó aquí su charla con una ligera inclinación.

El público estaba de pie, aplaudiendo y silbando. Eran plenamente conscientes del valor de la velada, y rodearon al millonario para someterlo a una maratón de selfis.

A la mañana siguiente el millonario encontró una nota clavada en su puerta:

> Después de entender el valor del dinero tal y como lo explica, creo que estoy de acuerdo en que

se puede comprar la felicidad, ¡si sabes dónde hacerlo! La verdad es que ahora sé que tener dinero puede darte o no la felicidad, pero no tenerlo, ciertamente, no te aportará ninguna dicha.

Nos ha enseñado que vivimos en un mundo en el que el dinero es una herramienta esencial para nuestra felicidad. Lo importante es que nunca olvidemos que no es la única herramienta.

Gracias,

Gran lama

Capítulo 8

Llegada a destino: la historia del monje

En las relaciones humanas, la cortesía y las mentiras se valoran tanto como mil verdades.

GRAHAM GREENE

En 1993, un grupo de refugiados tibetanos que vivían en el suburbio de McLeod Ganj en la India decidieron regresar a su lugar de origen. No tenían nada contra el gobierno de la India, y sentían una devoción absoluta por Su Santidad el dalái lama, pero estaban cansados de llevar una vida de apátridas. Con las bendiciones de Su Santidad el dalái lama, eligieron tomar el control de sus propias vidas, y retornar y reconstruirlas en la tierra de sus antepasados. Los llamados guerreros Khampa, el clan al que pertenecía el monje, habían empezado a formar parte del séquito oficial de Su Santidad en 1959. El clan tenía un pasado glorioso, pero de eso ahora ya solo quedaba el recuerdo.

El monje, que tenía un futuro brillante en la jerarquía religiosa de McLeod Ganj, se despidió de su maestro y abandonó la orden. En el fondo de su corazón sabía que nunca había querido ser un religioso. Esta era su oportunidad. Cuando los guerreros Khampa regresaron a su tierra ancestral en el Tíbet, él se unió a su *pala*, su padre.

Para su sorpresa, el gobierno de China los recibió con los brazos abiertos. Les proporcionaron tierras y empleos funcionariales. Para el gobierno chino se trataba de sus ciudadanos, que habían decidido regresar al hogar. Sin embargo, el viaje de vuelta a sus pueblos de origen estuvo cuajado de desafíos físicos y mentales, por los cuales los componentes de la caravana tuvieron que pagar un alto precio. Habían decidido viajar por la antigua ruta comercial del té, que empezaba en lo que hoy se conoce como Myanmar, continuaba por Calcuta y llegaba hasta el Tíbet, para acabar en la provincia de Yunnan, en lo que hoy en día es territorio chino. La antigua ruta del té rendía testimonio al coraje y el carácter emprendedor del pueblo tibetano, y rezumaba historias y folclore.

A lo largo de los cincuenta y tres días que duró el viaje hasta su pueblo, Gyalthang (la denominación tibetana de Zhongdian), el monje, todavía un veinteañero, y su *pala*, pudieron alimentar su relación padre-hijo por primera vez. Como el monje había sido admitido en el monasterio a la edad de cuatro años, apenas conocía a su padre. Este tedioso viaje se convirtió en una oportunidad para cultivar la relación con él. Conversaron sobre el pasado, planearon el futuro, se mostraron sus fortalezas el uno al otro y se revelaron sus miedos. Compartieron sus historias y su modo de entender la vida. Fueron unos días hermosos en una situación que distaba de serlo, y tanto el padre como el hijo disfrutaron de su mutua compañía. Seguramente aquel fue el modo que Dios tuvo de compensar el hecho de que el *pala* abandonase este mundo para irse al cielo solo diecisiete días después de llegar al hogar ancestral.

El monje, que había perdido a su madre en el momento de nacer, se encontró de repente huérfano en una tierra que era la suya, pero donde en realidad era un extraño. Regresar al territorio de la vida secular conllevaba sus propios desafíos.

Las palabras del Buda se convirtieron ahora en su guía: «No creas en nada simplemente porque lo haya dicho un hombre sabio. No creas en nada solo porque lo crea la mayoría. No creas nada porque esté escrito. No creas nada porque se considere palabra de Dios. Cree tan solo lo que tú consideres que es verdadero».

Una destreza que el monje desarrolló mientras fue moldeando su vida era la habilidad para construir relaciones y conservarlas. Tenía un don natural para solucionar problemas de relación. Ejercía su capacidad de escuchar, entender, negociar y empatizar sin ningún esfuerzo. Su habilidad para hacer siempre las preguntas adecuadas, comunicando sus necesidades, y su gran sentido del humor, siempre le abrían camino.

El monje se percató enseguida de que las relaciones eran el fundamento de una vida feliz. Puesto que los humanos somos animales, nos desenvolvemos en un círculo de relaciones, algunas heredadas y otras adquiridas y cultivadas. El modo en que manejamos esas relaciones está en relación directa con nuestro cociente de felicidad. Una relación que se rompe puede resultar una dolorosa brecha en nuestra felicidad. Las relaciones dañinas son una de las principales fuentes de infelicidad en la vida.

También pudo observar que las relaciones son complejas por el hecho de que son el resultado de dos mentes y dos corazones que intentan interactuar entre ellos. El lenguaje corporal, la comunicación verbal, la comunicación digital, las limitaciones geográficas, las acciones o la ausencia de ellas, los eventos externos, las circunstancias materiales y muchos otros aspectos, algunos controlables y otros fuera de control, tienen gran influencia en el modo en que se definen nuestras relaciones. Sin embargo, tras años de práctica, había comprendido el truco que tenía el poder de convertir todas las relaciones en una fuente de felicidad eterna.

Esta fue la clave que descubrió el monje: la manera más fácil de llevar adelante una relación es saber ponerse en el lugar de la otra persona.

Se dio cuenta de que, con este pequeño esfuerzo de la imaginación, las relaciones se convierten en algo más alegre y satisfactorio. Ya sea tu relación con tu pareja, con tus padres, con tus hijos o con tus colegas de la oficina, el simple hecho de mirar la situación desde el punto de vista de la otra persona y entender así su perspectiva nos permite dominar el arte de las relaciones dichosas.

Muchos de nosotros vivimos demasiado centrados en nosotros mismos, y no sabemos dar el valor apropiado a la perspectiva del otro. Pero al hacer esto, a veces expulsamos de nuestras vidas a las personas más valiosas para caer en los brazos de la infelicidad, otra gran tragedia humana.

En un mundo que se derrumbaba a causa de relaciones fallidas, el monje había encontrado su nicho de acción. Pronto empezó a aplicar este conocimiento, y enseguida fue ganando reputación como un negociador excelente. El éxito que obtenía al resolver conflictos más o menos serios, al negociar soluciones ventajosas para todos, y su encanto de chico bueno, hicieron que su nombre llegase a oídos de las autoridades gubernamentales. El gobierno se apresuró a aprovechar la oportunidad para proyectarlo como el rostro de un Tíbet modernizado. Esto abrió nuevas puertas al monje, que fue elegido para participar en diversos foros y comités representando al Tíbet. Fueron estas circunstancias las que lo llevaron a unirse a la delegación comercial enviada a Katmandú para promocionar el potencial turístico de la ciudad de Shangri-La. Allí fue donde conoció al millonario y donde comenzó su nueva vida como socio de un millonario.

El monje tenía la mirada clavada en su mandala de meditación. Pero sus pensamientos se perdían en lo sucedido en las últimas semanas. «Las últimas semanas han sido fascinantes. Justo cuando sientes que ya lo has visto todo y lo has aprendido todo, los cielos te envían un nuevo temario. Algo realmente desconocido. Las nuevas perspectivas que mi maestro espiritual y el millonario han compartido conmigo todos estos días han llenado mi pecho de nuevos conocimientos realmente importantes sobre la felicidad.»

Recordando el compromiso de compartir sus «chispazos de felicidad» con el millonario, el monje rápidamente sacó su diario y empezó a anotarlas en un pedazo de papel. Le fascinaba el modo de hablar de los estadounidenses.

Capítulo 9

Elegir el camino: la historia del millonario

De entre los dos caminos divergentes en el bosque, tomé el menos transitado, y eso fue lo que marcó la diferencia.

ROBERT FROST

El padre del millonario era un empresario industrial que se había hecho a sí mismo. Todos le conocían con el apelativo cariñoso de Seth Babu y era un hombre de pocas complicaciones. El trabajo duro, la familia y el servicio a Dios eran sus valores principales. Él y su familia llevaban una vida muy acomodada, vivían en una mansión y tenían una flota de coches y un ejército de sirvientes con libreas impecables. Era la época de la India socialista y las licencias Raj,* pero Seth Babu sabía cómo expandir sus negocios y sus intereses. Tenía buenas conexiones sociales y siempre se las arregla-

* Las conocidas como licencias Raj o *License Raj* fueron un enrevesado sistema de regulaciones, permisos y trámites burocráticos necesarios para establecer y administrar negocios en la India desde su independencia del Imperio británico desde 1947 hasta 1991. *[N. de la E.]*

ba para tirar de los hilos adecuados. En 1988, cuando el millonario decidió dejar la universidad solo un par de semanas después de haber empezado el primer curso, su padre no se enfadó. Se limitó a preguntarle cuáles eran sus planes, casi esperando que este le dijese que se proponía vivir de su herencia. Así que Seth Babu se sintió complacido cuando su hijo le dijo que quería ir a Bombay y ponerse a trabajar en bolsa. El millonario también consiguió que su padre le prometiese que no utilizaría sus influencias para promocionar su carrera. Seth Babu estaba exultante. «Un hombre hecho a sí mismo» era el mejor título que se podía ostentar en la vida. Su hijo había elegido su camino.

La noche antes de viajar a Bombay, Seth Babu convocó a su hijo a su estudio y le dio el único consejo que el millonario tomaría prestado de otra persona.

—Entre los aspectos más difíciles de la vida está saber combinar la carrera profesional con la felicidad. Sacrificar la felicidad para favorecer la carrera no es bueno. Del mismo modo, ser feliz sin una trayectoria profesional digna es inaceptable —le dijo

Babu con tono imparcial, puesto que en su estudio no estaba permitido mostrar de manera abierta las emociones—. El momento en que te des cuenta de que tu trabajo significa algo más que una fuente de ingresos, tu perspectiva sobre el trabajo y sobre la vida cambiarán. Aunque suene trillado, la mayoría de nosotros emprendemos una carrera profesional determinada porque es lo que quieren nuestros padres, o porque creemos que puede proporcionarnos una vida holgada. Por suerte has decidido esquivar esta trampa. Para cuando nos damos cuenta de que quizá hemos elegido llevar la vida equivocada, somos prisioneros de hipotecas y préstamos o simplemente tenemos demasiado miedo para afrontar un cambio de vida. Así que preferimos aguantar en esa situación y nos dejamos llevar por la inercia, siempre planeando la manera de escaparnos, pero sin atrevernos a pulsar el botón que nos abrirá la puerta de salida. Esto está condenado al fracaso; acabaremos cayendo con el propio avión, por decirlo de algún modo.

A Seth Babu le encantaba utilizar metáforas aeronáuticas. Incluso a su edad y con su estatus social, seguía practicando el aeromodelismo, que era su *hobby* favorito. De hecho, en todas las entrevistas de trabajo que presidía la pregunta principal iba dirigida a averiguar el *hobby* del candidato o la candidata. Seth Babu estaba convencido de que una persona que no tuviese un *hobby* había de tener, por fuerza, un defecto de carácter.

—Lo cierto es que se pueden encontrar personas con éxito en todas partes. Individuos que tienen la confianza y la habilidad para conseguir alcanzar la felicidad y han sabido conseguir fama y dinero en los ámbitos profesionales más variopintos. Poetas, escritores, pintores, arquitectos, actores y deportistas, todos ellos tienen las mismas oportunidades de ganar dinero y reputación que cualquier persona que emprenda un camino profesional más convencional. Lo importante es ser el mejor en lo que haces. El mundo no valora la mediocridad en ningún campo, sino que recompensa la meritocracia en todos los ámbitos —continuó Seth Babu—. Aquellas personas que eligieron trabajar en lo que les dicta el corazón y que persisten hasta alcanzar la cumbre de la excelencia siempre dejan huella en la sociedad y en su época. El dinero es un resultado secundario; la felicidad que proporciona la excelencia es su verdadero objetivo. Recuerda, hijo, ahora que has decidido ser inversor, sé el mejor.

Estas últimas palabras todavía resuenan en los oídos del millonario cuando cierra algún negocio tras alguna inversión.

Una vez en Bombay, el millonario se había aclimatado al mundo de Dalal Street hasta tal punto que se sentía, como se suele decir, como pez en el agua. Su trayectoria desde que empezó a trabajar para un bróker parsi hasta el presente, en que al cabo de treinta y dos años reinaba como el más sobresaliente negociador de la bolsa india, era una historia de libro. A lo largo de todos esos años, el millonario nunca había olvidado aquella noche en el despacho de Seth Babu. Después de aquella entrevista, la empresa de Seth Babu y el millonario se habían dedicado a ganar dinero trabajando conjuntamente. El instinto de Seth Babu y la tenacidad del millonario los convertían en un dúo formidable en el terreno empresarial.

Al día siguiente, a esa hora, estaría de vuelta en su mundo. Pero las lecciones aprendidas en Shangri-La durante los veinte días que había pasado allí darían forma a su felicidad durante el resto de su vida. Musitó: «¿No fue Lenin quien afirmó que en la vida a veces pasan décadas en las que no sucede nada, mientras que en cambio hay semanas en las que transcurren décadas?».

El millonario también sentía que era primordial que sus hijos, y más adelante los hijos de sus hijos, heredasen este sentido de la felicidad, del mismo modo que él había heredado aquella lección de vida de su padre.

Con este pensamiento, empezó a escribir sus apuntes, como había acordado con el monje que haría el día de su llegada.

Capítulo 10
Despedida

La amistad es siempre una dulce responsabilidad, nunca una oportunidad.

Khalil Gibran

El monje idolatraba a Mithun Chakravorty, a Bappi Da y todo lo relacionado con Bollywood. La India de los años ochenta había modelado su juventud, y como pasa con todas las historias de amor adolescente, aquella pasión por Bollywood seguía viva en su corazón. La canción *I am a Disco Dancer* te daba la bienvenida en su coche en cualquier ocasión; era la que siempre presidía todas sus listas de reproducción.

Mientras conducían hacia el aeropuerto, el millonario y el monje iban discutiendo los últimos aspectos comerciales y las perspectivas de futuro del hotel. El millonario había dado su aprobación a los estándares de calidad en la gestión y dirección del hotel, e incluso sugirió adquirir otra propiedad en Lhasa. El monje prometió que estudiaría las posibilidades y las compartiría con el equipo.

Ambos sabían que, una vez en el avión, el millonario volvería a perderse en su bucle de trabajo, y que pensar en un pequeño proyecto en tierras del Tíbet sería su última prioridad. Pero los dos seguían el juego.

No fue hasta el último tramo de la autopista, el que daba acceso al aeropuerto, que ambos guardaron silencio. Sonaba de fondo la música de *Zihal-e-Miskin Mukun ba-Ranjish*, de la película *Ghulami*. El millonario nunca había entendido el significado de aquellas palabras en urdu que sonaban en la canción. Pese a ello, igual que la otra noche en el hotel, la melancólica voz de la cantante Lata Mangeshkar volvía a cautivarlo, como le sucedía siempre.

El monje entendía la canción. Una vez, prácticamente le había suplicado a un mulá musulmán que le explicase el significado de aquellas palabras del poeta medieval Ameer Khusrau, que Gulzar había adaptado a la perfección:

Zihaal-e-Miskeen Mukon Ba-Ranjish,
Bahaal-e-Hijra Bechara Dil Hai.
No mires a mi corazón con hostilidad,
pues aún siente las heridas de la separación.

Los dos eran conscientes de que, incluso en una edad madura y adulta como la suya, aquellas últimas semanas habían sido extraordinarias, y que nunca en sus vidas volverían a vivir aquellos días de introspección y autodescubrimiento.

Mientras alguien descargaba el equipaje del maletero, el monje sacó un trozo de papel plegado cuidadosamente y se lo entregó al millonario. Este sonrió y, a su vez, le entregó un pedazo de papel similar. El monje no esperaba que el millonario se hubiese molestado en escribir sus lecciones, pero era precisamente la humildad lo que le definía.

Brilló una lágrima de agradecimiento.

Había llegado la hora de decir adiós.

Epílogo

También esto pasará.

ANTIGUO PROVERBIO PERSA

«¿Eres feliz?» fue la pregunta que inició el proceso de búsqueda.

Tanto el millonario como el monje veían la felicidad como un objeto aislado. Uno tenía dinero, el otro tenía conocimiento, pero desafortunadamente la felicidad los había eludido a ambos. Sin embargo, una vez que empezaron a aprender el uno del otro y de lo que los rodeaba, descubrieron que el secreto de la felicidad está en entender plenamente que la felicidad no se obtiene, sino que se alcanza.

Ambos descubrieron que la felicidad no es un objetivo cuantificable que puede conseguirse, sino una forma de vivir, en el sentido cualitativo, que cada persona tiene que procurarse a sí misma.

Aprendieron que, pese a que un diccionario puede definir el término «felicidad», no hay una sola definición de la «dicha». Cada era, sociedad, religión, filosofía, gurú e individuo tiene un concepto diferente de ella.

Así pues, ¿qué es la felicidad?

En la historia, el millonario y el monje aprenden que la felicidad es la armonía entre el corazón y la mente. Es el equilibrio entre la ambición y la risa. La felicidad no consiste en sacrificarse o en adquirir bienes sin más. Ambos aprecian el hecho de que la felicidad es la persecución del dinero mediante la vía del minimalismo; sin embargo, a su vez, la felicidad no es un objetivo en sí misma. Se dan cuenta de que la felicidad es el coraje de decir NO y, sin embargo, mantener viva la curiosidad y la creatividad, diciendo SÍ y sin perder nunca el sentido de la exploración. Ambos alcanzan a entender que la felicidad está en respetar tanto el «lo siento» como el «gracias», y comprenden que depende de cada persona y al mismo tiempo es independiente de todos.

Por último, descubren que el concepto de felicidad no es tan complicado como a menudo se cree, y que la felicidad no es más que la suma de elementos ordinarios de nuestro día a día, cuando se viven bien y con agradecimiento.

Ahora, cuando les preguntan si son felices, los dos entienden la pregunta en su verdadera dimensión, y conocen la respuesta.

Puntos a recordar

La felicidad sucede cuando lo que piensas, lo que dices y lo que eres están en armonía.

Mahatma Gandhi

Las notas del millonario

1. El minimalismo te ayuda a poner orden y a liberar espacio físico y mental.
2. Una mente espaciosa y ordenada favorece la capacidad para concentrarse, y la solidez y la disciplina vitales.
3. Cualquier cosa que te ayude a conectar con tu interior es meditación.
4. Vivir en armonía con la naturaleza es, de por sí, una fuente de felicidad.
5. Alimentar el resentimiento y los rencores no hace más que abonar el terreno donde crecerán las semillas de la infelicidad.
6. Ser sabio y a la vez ignorante es esencial para la felicidad.
7. Nadie puede compartir tu enfermedad o tu dolor físico.

8. La ambición, la pasión y el trabajo duro multiplican la felicidad en la vida.
9. El sentido del humor es un valioso imán para la felicidad.

Las lecciones de felicidad del monje

1. Tener objetivos bien definidos es imprescindible para la alcanzar la felicidad.
2. Tener una lista de cosas para hacer incrementa la productividad y alimenta la confianza.
3. La tecnología es una herramienta y nunca debe tomar el control.
4. Sentirte agradecido por lo que tienes es más importante que culpar a otros por lo que no tienes.
5. El hábito de culpabilizar acrecienta los aspectos negativos de la derrota.
6. Aprender a decir NO es esencial para ser feliz.
7. El dinero es la suma de los ingresos, los ahorros, las inversiones y el consumo.
8. Las relaciones que están basadas en el respeto atraen la felicidad.
9. Pedir es la clave para recibir.

Carta del autor

Estimado lector o lectora:

Gracias por invertir tu valioso tiempo en la lectura de esta sencilla historia. Espero que te haya servido para acercarte al objetivo que tenías en mente cuando elegiste empezar a leer este libro. La búsqueda de la felicidad por parte de la humanidad es eterna, y espero haber añadido algo de valor a tu vida al compartir mi perspectiva sobre este tema.

La elaboración de este libro ha llevado años. He tenido la suerte de poder observar la vida desde roles, situaciones y perspectivas muy distintas. Como se suele decir, lo bueno, lo malo y lo feo, todo son lecciones que me ha enseñado la experiencia.

En algún momento de este viaje me di cuenta de que la belleza de la vida está en sus propias contradicciones. A menudo, las decisiones correctas tienen consecuencias negativas, y al contrario. Las derrotas más significativas se convierten en las mayores victorias en el último instante, y aunque sea el sol el que causa la aparición del arcoíris, ¡es la lluvia la que se lleva los méritos! Es, por tanto, esencial sentirse siempre agradecido por lo que la vida quiera darnos, y mantener el sentido del humor incluso en los momentos más agotadores, porque la vida tiene sus propios planes, que están más allá de nuestro control. No importa cuán imponente nos parezca cualquier desafío, la perseverancia humana siempre lo superará.

El millonario y el monje viven dentro de nosotros: la mente y el corazón. Cada día nos enfrentamos al dilema de hallar el equilibrio entre la voz de nuestra mente y la llamada del corazón. La mente ve y el corazón siente, y es la armonía entre los dos la que nos proporciona la felicidad. La felicidad reside en el equilibrio.

Espero que las lecciones que he compartido en esta historia te ayuden a alcanzar esta armonía y este equilibrio. Es de la mayor importancia que recordemos que no importa lo que ha ocurrido en el pasado o en qué momento te encuentras ahora; siempre puedes volver a empezar de nuevo: el futuro depende del hoy. El mañana siempre empieza hoy.

Por último, si este libro te ha ayudado de algún modo en tu búsqueda de la felicidad, comparte ese conocimiento con los demás. Necesitamos ayudar a los otros a ver la belleza de la vida más allá de nuestros monótonos problemas rutinarios, y mostrarles el modo de aprender que el primer camino hacia un mundo feliz es que las personas se sientan felices.

Me encantaría conocer tus ideas sobre el libro.

Puedes escribirme a <vibhor.kumarsingh@gmail.com> y compartir tus ideas sobre la historia. Si quieres más detalles, también puedes visitar nuestra página web: <www.vibhorkumarsingh.com>.

Con agradecimiento y mis mejores deseos,

VIBHOR KUMAR SINGH

Agradecimientos

Solo cuando te sientas a escribirlo te das verdadera cuenta de que un libro es un proyecto que requiere mucho más que habilidad creativa. En mi caso, el camino desde la idea hasta la publicación ha sido largo y sinuoso, pero se ha convertido en una aventura memorable y placentera gracias a todas las personas que me han proporcionado apoyo, inspiración y ánimo.

Gracias a mi madre, Kunwarani Meena Singh, por sus consejos, sus bendiciones y su continuo aliento en la búsqueda de la excelencia en todas las esferas de mi vida.

Gracias a Rahul Chaudhary, Neil Pickering, Anil Nayar y la doctora Ridha Singh Gupta por ser los primeros lectores del texto, y por sus valiosos comentarios.

Gracias a mi esposa, Shakuntala, por su continuo apoyo a mis iniciativas y por tolerar mi eterno desequilibrio entre vida y trabajo.

Gracias a mi hijo, Ayushraj, por sus valiosos comentarios a nivel de contenido y de estilo. Él fue quien soportó mis chaparrones de ideas durante el proyecto.

Gracias a mi hija, Aaradhya, por todas las sonrisas y por las carcajadas.

Quisiera dar las gracias al doctor Binod Chaudhary, a Pankaj Dubey, Kelden Dakpa, Rakesh Mathur, S. D. Dhakal, a los doctores Abhijeet Darak, Anant Gupta, Raj Ratna Darak, y a todos mis mentores, amigos y familiares, que han sido una fuente de inspiración y felicidad a lo largo de los años. Cada uno de ellos, a su manera única, ha modelado mis procesos mentales e influenciado la creación de este libro.

Quisiera dar las gracias al equipo de Notion Press Publishing por contribuir al éxito del proceso de publicación.

Por último, quisiera dar las gracias al Todopoderoso de allá arriba, de cuyo amor no tengo ninguna duda, por haber hecho de la vida un viaje complejo pero placentero, y por darme la fuerza y la oportunidad de tener una vida satisfactoria y plena.

De este libro me quedo con...

La primera edición de este libro se terminó de imprimir
en los talleres de Huertas Industrias Gráficas
en febrero de 2022.

El monje y el millonario ha sido posible gracias al trabajo
de su autor, Vibhor Kumar Singh, así como de la traductora
Isabel Alonso, el corrector David Fontanals, el diseñador
José Ruiz-Zarco Ramos, el equipo de Realización Planeta,
la directora editorial Marcela Serras, la editora ejecutiva
Rocío Carmona, la editora Carolina Añaños, y el equipo
comercial, de comunicación y marketing de Diana.

En Diana hacemos libros que fomentan
el autoconocimiento e inspiran a los lectores
en su propósito de vida. Si esta lectura te ha gustado
te invitamos a que la recomiendes y que así, entre
todos, contribuyamos a seguir expandiendo
la conciencia.